Olaf and the Magical Christmas Wish And Other Bilingual Danish-English Stories for Kids

Pomme Bilingual

Published by Pomme Bilingual, 2024.

While every precaution has been taken in the preparation of this book, the publisher assumes no responsibility for errors or omissions, or for damages resulting from the use of the information contained herein.

OLAF AND THE MAGICAL CHRISTMAS WISH AND OTHER BILINGUAL DANISH-ENGLISH STORIES FOR KIDS

First edition. November 2, 2024.

Copyright © 2024 Pomme Bilingual.

ISBN: 979-8227415677

Written by Pomme Bilingual.

Table of Contents

Emils Nissedrilleri

Emil var en nysgerrig og lidt fræk 8-årig dreng, som altid var klar til lidt sjov. En dag blev han venner med en nisse, der hed Nils. Nils var en rigtig jule-nisse, som Emil havde opdaget, da han en aften lagde risengrød frem til nissen. Til Emil's overraskelse kom Nils frem fra sit gemmested og sagde hej! Nissen Nils skulle bringe held til familien, men kun hvis Emil fulgte nissens ene regel: Kig aldrig i nissens gaver!

Men Emils nysgerrighed var svær at holde tilbage, især da han en nat så en lille pakke, som Nils havde efterladt. "Hvad mon der er derinde?" tænkte Emil og kunne ikke dy sig. Han åbnede pakken en smule og kiggede ind. Men det skulle han aldrig have gjort!

Dagen efter startede alle problemerne. Først kunne Emil ikke finde sine sko, og da han endelig fandt dem, sad de under hans seng, bundet sammen i en stor knude. "Nils!" råbte Emil. Men der var ingen svar, kun et svagt fnis i det fjerne.

Næste morgen vågnede Emil med uglet hår, som om nogen havde flettet det mens han sov. Han kæmpede for at rede det ud, men det gjorde bare endnu mere ondt. "Nils, hvorfor gør du dette mod mig?" spurgte han. Men nissen Nils var ikke færdig endnu.

Da det blev tid til morgenmad, så Emil sin elskede risengrød stå klar på bordet. Men da han tog en skefuld, spyttede han den straks ud – den var helt fyldt med salt! Nu vidste Emil, at han virkelig havde gjort Nils vred.

"Jeg må gøre noget!" tænkte Emil, som vidste, at julen snart stod for døren, og at han skulle få tingene ordnet inden juleaften.

Så samme aften satte han sig ved kaminen og lavede en ny skål risengrød, denne gang med ekstra smør og kanel, og stillede den frem til Nils. Han sagde højt, "Undskyld, Nils. Jeg skulle aldrig have kigget i dine gaver. Vil du tilgive mig?"

Et øjeblik senere så Emil et lille glimt, og Nils dukkede op med et smil. "Emil, jeg tilgiver dig," sagde nissen og blinkede. "Men husk nu, regler er til for at blive overholdt – især når det handler om julehemmeligheder!"

Fra den dag af holdt Emil sig langt væk fra Nils' gaver, og julefreden vendte tilbage.

Emil's Nisse Trouble

Emil was a curious and slightly mischievous 8-year-old boy, always ready for a bit of fun. One day, he made friends with a nisse, a Christmas gnome named Nils. Nils was a real Christmas nisse, whom Emil had discovered when he put out a bowl of porridge one evening as an offering. To Emil's surprise, Nils emerged from his hiding spot and said hello! Nils was supposed to bring good luck to the family, but only if Emil followed the nisse's one rule: Never peek at the nisse's gifts!

But Emil's curiosity was hard to contain, especially when he spotted a small package that Nils had left one night. "I wonder what's inside?" Emil thought and couldn't resist. He opened the package just a bit and peeked in. But he shouldn't have done that!

The next day, all the troubles began. First, Emil couldn't find his shoes, and when he finally did, they were tied together in a big knot under his bed. "Nils!" Emil shouted. But there was no answer, only a faint giggle in the distance.

The following morning, Emil woke up with tangled hair, as if someone had braided it while he slept. He struggled to comb it out, but it only hurt more. "Nils, why are you doing this to me?" he asked. But Nils the nisse wasn't done yet.

When it was time for breakfast, Emil saw his favorite porridge waiting on the table. But as soon as he took a spoonful, he spat it out—it was filled with salt! Now Emil knew he had truly made Nils angry.

"I have to do something!" Emil thought, realizing that Christmas was just around the corner and he needed to set things right before Christmas Eve.

So, that evening, he sat by the fireplace and prepared a fresh bowl of porridge, this time with extra butter and cinnamon, and set it out for Nils. He said loudly, "I'm sorry, Nils. I should never have looked at your gifts. Will you forgive me?"

A moment later, Emil saw a little glimmer, and Nils appeared with a smile. "Emil, I forgive you," said the nisse, winking. "But remember, rules are meant to be followed—especially when it comes to Christmas secrets!"

From that day on, Emil kept his distance from Nils' gifts, and the peace of Christmas returned.

Sofie og Julehyggens Hjerte

Sofie var en stille og genert pige, og selvom julen nærmede sig, følte hun sig ensom midt i al juleræset. Overalt omkring hende var der lys og travle mennesker, men Sofie savnede noget - noget, hun ikke helt kunne sætte ord på. Hun havde hørt om julehygge, den særlige danske julehygge, som skulle bringe varme og glæde. Men hvordan skulle hun finde den?

En dag mødte Sofie en ældre dame ved navn Fru Andersen, som boede i hendes opgang. Fru Andersen var en sød og venlig dame med et glimt i øjet, og da hun hørte om Sofies søgen efter julehygge, smilede hun. "Kom, lad mig vise dig, hvad julehygge virkelig er," sagde Fru Andersen.

De begyndte deres eventyr på det lokale julemarked. Sammen gik de rundt mellem de små boder, der solgte alt fra hjemmelavet julepynt til varme æbleskiver og gløgg. Sofie kunne mærke en varme indeni, mens de gik rundt, og hun begyndte at forstå, at julehygge også handler om at dele oplevelser med andre.

Senere tog de hjem til Fru Andersen, hvor de lavede fine papirklip og julehjerter til at hænge på juletræet. Sofie morede sig og grinede, mens de klippede og klistrede – hun havde aldrig lavet noget så hyggeligt før. Fru Andersen fortalte hende, at i gamle dage lavede alle deres egen julepynt og brugte tid sammen på at skabe minder, som de kunne se tilbage på.

Som afslutning på dagen bagte de brunkager, småkager med dejlige julekrydderier, der fyldte hele lejligheden med en varm duft. Sofie kiggede på Fru Andersen og følte sig lykkelig. Det var som om, hjertet blev fyldt med julehygge.

Da de satte sig ned med en kop varm kakao og en tallerken med nybagte brunkager, smilede Fru Andersen til Sofie. "Nu ved du, hvad julehygge er, ikke?" sagde hun.

Sofie nikkede og svarede: "Ja, det handler ikke om gaverne. Det handler om at være sammen og være gode mod hinanden."

Og fra den dag af vidste Sofie, at julehygge ikke var noget, man kunne købe, men noget, man kunne skabe sammen med dem, man holder af.

Sofie and the Heart of Julehygge

Sofie was a shy girl, and even though Christmas was approaching, she felt lonely amid all the holiday bustle. Everywhere around her, there were lights and busy people, but Sofie missed something—something she couldn't quite put into words. She had heard about julehygge, the special Danish coziness of Christmas that was supposed to bring warmth and joy. But how was she supposed to find it?

One day, Sofie met an elderly lady named Mrs. Andersen, who lived in her building. Mrs. Andersen was a sweet and friendly woman with a twinkle in her eye, and when she heard about Sofie's quest for julehygge, she smiled. "Come, let me show you what julehygge really is," said Mrs. Andersen.

They began their adventure at the local Christmas market. Together, they strolled among the small stalls selling everything from homemade ornaments to warm æbleskiver and gløgg. Sofie felt a warmth inside as they walked around, and she started to understand that julehygge is also about sharing experiences with others.

Later, they went back to Mrs. Andersen's home, where they made beautiful paper cuttings and Christmas hearts to hang on the tree. Sofie had fun and laughed as they cut and glued—she had never done anything so cozy before. Mrs. Andersen told her that in the old days, everyone made their own Christmas decorations and spent time together creating memories to look back on.

To end the day, they baked brunkager, small cookies filled with delightful Christmas spices that filled the entire apartment with a warm aroma. Sofie looked at Mrs. Andersen and felt happy. It was as if her heart was filled with julehygge.

As they sat down with a cup of hot cocoa and a plate of freshly baked brunkager, Mrs. Andersen smiled at Sofie. "Now you know what julehygge is, don't you?" she said.

Sofie nodded and replied, "Yes, it's not about the gifts. It's about being together and being kind to one another."

And from that day on, Sofie knew that julehygge wasn't something you could buy, but something you could create together with those you care about.

Antons Juleaften-Uheld

A nton var en glad dreng, der elskede julen. Hvert år så han frem til sin families juleaftenstraditioner: at danse omkring juletræet, synge julesange og give hinanden hjemmelavede gaver. I år var ingen undtagelse, men der var et stort problem: Anton kunne ikke finde sin gave til sin lille søster, Ida!

Mens juleaften nærmede sig, blev Anton mere og mere nervøs. "Hvor kan den være?" tænkte han og kiggede under sofaen, bag gardinerne og selv i køleskabet. Ingen gave.

I sin frygtelige søgen stødte Anton på en glemsom postmand, der helt havde glemt, hvad han havde afleveret tidligere på dagen. "Jeg tror, jeg så en gave ligge på din dørtræskel, men jeg kan ikke huske, hvad der var i den," sagde postmanden og kradsede sig på hovedet.

Anton løb videre og mødte en meget streng nisse, som kiggede på ham med alvorlige øjne. "Hvad laver du så sent ude?" spurgte nissen. Anton forklarede sit problem, og nissen svarede: "Hvis du vil finde din gave, skal du først finde dit hjerte!"

Anton tænkte over dette og besluttede, at han ikke kunne blive ved med at lede. Måske var det tid til at stoppe op og tænke på, hvad julen virkelig handlede om. Med en ny beslutsomhed gik han hjem til sin familie.

Da Anton kom ind, så han alle danse rundt om juletræet, mens de sang julesange. Idas latter fyldte rummet, og pludselig indså

Anton, hvad han havde glemt: den bedste gave, han kunne give sin søster, var sin tid og kærlighed.

Så i stedet for at fokusere på gaven, gik Anton hen til Ida og tog hende i hånden. Sammen dansede de rundt om træet, og Anton sang med, selvom han ikke kunne huske teksten til sangene. Det gjorde ikke noget; det vigtigste var, at de var sammen.

Senere, mens de nød julesmåkager og varm kakao, følte Anton sig glad. Selvom gaven ikke var blevet fundet, havde han fundet noget meget mere værdifuldt – båndet mellem ham og Ida, som var det sande julegave.

Anton's Christmas Eve Mishap

Anton was a cheerful boy who loved Christmas. Each year, he looked forward to his family's Christmas Eve traditions: dancing around the Christmas tree, singing carols, and exchanging homemade gifts. This year was no exception, but there was one big problem: Anton couldn't find his gift for his little sister, Ida!

As Christmas Eve approached, Anton grew more and more nervous. "Where could it be?" he wondered as he looked under the sofa, behind the curtains, and even in the refrigerator. No gift.

In his frantic search, Anton encountered a forgetful postman who had completely forgotten what he had delivered earlier that day. "I think I saw a gift lying on your doorstep, but I can't remember what was in it," said the postman, scratching his head.

Anton rushed on and met a very stern elf who looked at him with serious eyes. "What are you doing out so late?" asked the elf. Anton explained his problem, and the elf replied, "If you want to find your gift, you must first find your heart!"

Anton thought about this and decided he couldn't keep searching. Maybe it was time to stop and reflect on what Christmas was really about. With newfound determination, he headed home to his family.

When Anton entered, he saw everyone dancing around the Christmas tree while singing carols. Ida's laughter filled the room, and suddenly Anton realized what he had forgotten: the best gift he could give his sister was his time and love.

So instead of focusing on the gift, Anton walked over to Ida and took her hand. Together, they danced around the tree, and Anton sang along, even though he couldn't remember the lyrics to the songs. It didn't matter; the most important thing was that they were together.

Later, while enjoying Christmas cookies and hot cocoa, Anton felt happy. Although the gift had not been found, he had discovered something much more valuable—the bond between him and Ida, which was the true Christmas gift.

Julestjernen fra Skagen

Mads og hans bedste veninde, Marie, havde altid hørt om legenden om Julestjernen, der skulle være den lyseste stjerne på himlen, især på juleaften. De besluttede, at de ville finde denne stjerne og se dens lys sammen. Med varme jakker og glade hjerter begav de sig ud i den sneklædte nat.

Mørket sænkede sig over Skagen, og stjernerne begyndte at blinke på himlen. "Der! Se! Der er en stjerne, der skinner klart!" sagde Marie og pegede. De løb hen til et åbent område, hvor de kunne se himlen bedre. De indså hurtigt, at der var mange stjerner, der lyste, men ingen var så lysende som den, de ledte efter.

Mens de vandrede gennem det sneede landskab, mødte de forskellige dyr. Først kom en venlig ræv, der legede i sneen. "Hvor skal I hen, børn?" spurgte ræven nysgerrigt. Mads svarede: "Vi leder efter Julestjernen!" Ræven smilede og sagde: "Husk, at stjernerne ikke kun er lys, men også de bånd, vi skaber med dem omkring os."

Mads og Marie fortsatte deres rejse og mødte en gammel ugle, der sad på en gren. "Skal I finde Julestjernen?" spurgte uglen. "Ja, det skal vi!" sagde Marie. Uglens øjne lyste, mens den sagde: "Stjernen findes ikke kun på himlen. Den er også i dit hjerte, i dit venskab og i din familie."

Da de lyttede til uglen, indså de, at deres søgen efter stjernen var mere end blot at finde en lysende punkt på himlen. Det handlede om de minder, de skabte sammen og den kærlighed, de delte.

Efter at have vandret gennem sneen i timevis, kiggede de op på himlen igen. Denne gang så de et stjerneskud, som skinnede klart og efterlod et lysende spor. "Det må være Julestjernen!" råbte Mads. De jublede, men indså snart, at deres rejse havde lært dem mere om ægte glæde.

Da de vendte hjem, blev de mødt af deres familier, der ventede i det varme hus. Duften af småkager og gran fyldte luften, og lysene på juletræet funklede. Mads og Marie fortalte alle om deres eventyr og de dyrebare indsigter, de havde fået.

De forstod nu, at Julestjernen ikke blot var en stjerne i natten, men et symbol på håb, familie og venskab.

The Christmas Star from Skagen

Mads and his best friend, Marie, had always heard the legend of the Christmas Star, said to be the brightest star in the sky, especially on Christmas Eve. They decided they wanted to find this star and see its light together. With warm jackets and joyful hearts, they set out into the snowy night.

Darkness fell over Skagen, and the stars began to twinkle in the sky. "There! Look! There's a star shining brightly!" exclaimed Marie, pointing. They ran to an open area where they could see the sky better. They quickly realized that many stars were shining, but none were as bright as the one they were searching for.

As they wandered through the snowy landscape, they encountered various animals. First, a friendly fox appeared, playing in the snow. "Where are you kids headed?" asked the fox curiously. Mads replied, "We're looking for the Christmas Star!" The fox smiled and said, "Remember, stars are not just lights, but also the bonds we create with those around us."

Mads and Marie continued their journey and came across an old owl perched on a branch. "Are you trying to find the Christmas Star?" asked the owl. "Yes, we are!" said Marie. The owl's eyes sparkled as it said, "The star is not only in the sky. It is also in your heart, in your friendship, and in your family."

As they listened to the owl, they realized that their quest for the star was more than just finding a shining point in the sky. It was about the memories they created together and the love they shared.

After wandering through the snow for hours, they looked up at the sky again. This time, they saw a shooting star that shone brightly, leaving a glowing trail. "That must be the Christmas Star!" shouted Mads. They cheered, but soon realized that their journey had taught them more about true joy.

When they returned home, they were greeted by their families waiting in the warm house. The scent of cookies and fir filled the air, and the lights on the Christmas tree sparkled. Mads and Marie told everyone about their adventure and the precious insights they had gained.

They now understood that the Christmas Star was not just a star in the night, but a symbol of hope, family, and friendship.

Maja og den Frække Nisse

Maja var en livlig pige, der elskede julen. Hvert år så frem til at fejre den med sin familie. Men dette år var der noget anderledes. En dag, mens hun legede i sit værelse, opdagede hun, at der skete underlige ting i hendes hus. Legetøjet blev flyttet rundt, og der var skumle lyde fra loftet.

Nysgerrig gik Maja op på loftet for at undersøge. Der, blandt gamle kasser og spidse spidser af skum, fandt hun en lille, skægget nisse ved navn Niels. Han grinede, da han så Maja. "Jeg elsker at lave sjov!" sagde Niels og kastede en snemand lavet af gamle sokker.

"Du må være nissen!" udbrød Maja. "Hvad laver du her?"

"Jeg har taget bolig i dit loft," svarede Niels med et glimt i øjet. "Og jeg kan ikke modstå at lave lidt ballade, især når det er jul!"

Maja begyndte at grine, men hun kunne også mærke, at Niels havde det ensomt. "Men julen handler ikke kun om ballade," sagde hun. "Det handler om familie og traditioner."

"Traditioner? Hvad er det?" spurgte Niels nysgerrigt.

Maja forklarede, hvordan hendes familie pyntede juletræet, bagte juleklejner, og efterlod risengrød til nisserne på juleaften. Niels' øjne lyste op. "Det lyder vidunderligt! Må jeg være med?" spurgte han ivrigt.

"Selvfølgelig!" svarede Maja. "Men først må du love at stoppe med at lave rod i mine forberedelser!"

Niels nikkede, og sammen begyndte de at forberede sig til jul. De pyntede juletræet med farverige kugler og glitrende lys, og Niels lavede endda nogle sjove dekorationer af gamle sokker. De bagte juleklejner sammen, og Niels kunne ikke holde op med at lave sjove ansigtstræk, mens de arbejde.

Da juleaften endelig kom, var Maja glad for at have Niels ved sin side. De delte risengrød med Niels, der sagde: "Jeg har aldrig følt mig så glad! Dette er den bedste jul nogensinde!" Maja smilede, for hun havde lært Niels om den sande ånd af sammenhold.

Maja and the Mischievous Nisse

M aja was a spirited girl who loved Christmas. Every year, she looked forward to celebrating it with her family. But this year, something was different. One day, while playing in her room, she noticed that strange things were happening in her house. Toys were being moved around, and there were mysterious sounds coming from the attic.

Curious, Maja went up to the attic to investigate. There, among old boxes and sharp pieces of foam, she found a small, bearded nisse named Niels. He laughed when he saw Maja. "I love to have fun!" said Niels as he threw a snowman made of old socks.

"You must be the nisse!" exclaimed Maja. "What are you doing here?"

"I've taken up residence in your attic," replied Niels with a twinkle in his eye. "And I can't resist causing a bit of mischief, especially when it's Christmas!"

Maja began to laugh, but she could also sense that Niels was feeling lonely. "But Christmas isn't just about mischief," she said. "It's about family and traditions."

"Traditions? What are those?" asked Niels curiously.

Maja explained how her family decorated the Christmas tree, baked juleklejner (Danish Christmas cookies), and left porridge for the nisse on Christmas Eve. Niels' eyes lit up. "That sounds wonderful! May I join in?" he asked eagerly.

"Of course!" replied Maja. "But first, you must promise to stop messing up my preparations!"

Niels nodded, and together they began getting ready for Christmas. They decorated the tree with colorful baubles and sparkling lights, and Niels even made some funny decorations out of old socks. They baked juleklejner together, and Niels couldn't stop making silly faces while they worked.

When Christmas Eve finally arrived, Maja was happy to have Niels by her side. They shared porridge, and Niels said, "I've never felt so happy! This is the best Christmas ever!" Maja smiled, for she had taught Niels about the true spirit of togetherness.

Olaf og det Magiske Juleønske

Olaf var en godhjertet dreng, der drømte om at hjælpe andre i sin lille landsby. Hver dag tænkte han på, hvordan han kunne gøre livet bedre for dem omkring sig. Da julen nærmede sig, hørte han en samtale mellem nogle voksne om den magiske jule-stjerne, der kunne opfylde ønsker for dem med rene hjerter.

"Hvis jeg bare kunne finde den stjerne, kunne jeg hjælpe alle i landsbyen!" tænkte Olaf beslutsomt. Han vidste, at det ikke ville blive nemt, men han var fast besluttet på at tage på eventyr for at finde stjernen.

Den næste morgen begyndte Olaf sin rejse. Han pakkede en lille taske med mad og varme sokker, så han kunne holde sig varm, mens han vandrede gennem den sneklædte skov. Undervejs mødte han forskellige udfordringer. Først stødte han på en dyb strøm, der var frosset til is. Med beslutsomhed fandt han en bred træstamme og brugte den som en bro for at komme over.

Senere, da solen var ved at gå ned, mødte han en gammel mand, der sad fast i sneen. "Hjælp mig, unge ven!" sagde manden med en skælvende stemme. Olaf hjalp ham op og gav ham sin egen frakke for at holde ham varm. Den gamle mand takkede ham og sagde: "Du har et rent hjerte, dreng. Måske vil stjernen være dig nådig."

Olaf fortsatte sin rejse, og til sidst nåede han toppen af en bakke, hvor han så den strålende jule-stjerne på nattehimlen. Den lyste så klart, at den næsten kunne blænde ham. Han lukkede øjnene og ønskede, "Jeg ønsker, at alle i landsbyen kan have en dejlig julefest med mad og glæde!"

Da han åbnede øjnene, fandt han sig selv tilbage i sin landsby, hvor alle samlede sig omkring et stort bord dækket med lækkerier: gløgg, æbleskiver, julesmåkager og meget mere. Olaf kunne ikke tro sine egne øjne!

Befolkningen i landsbyen var forbløffede over det vidunderlige måltid. De spurgte, hvordan dette kunne være muligt, og Olaf delte sin historie om den magiske stjerne. "Det er ikke kun stjernen, der er magisk," sagde han. "Det er vores vilje til at hjælpe hinanden, der gør julen speciel."

Fra den dag af fejrede Olaf og hans naboer ikke kun julen, men også venskab, fællesskab og den sande betydning af at give. Olaf lærte, at den sande magi ved julen ikke lå i at få ønsker opfyldt, men i at bringe glæde og hjælpsomhed til dem omkring sig.

Og sådan blev julen i landsbyen fyldt med kærlighed, latter og uforglemmelige minder.

Olaf and the Magical Christmas Wish

Olaf was a kind-hearted boy who dreamed of helping others in his small village. Every day, he thought about how he could make life better for those around him. As Christmas approached, he overheard a conversation among some adults about the magical Christmas star that could grant wishes to those with pure hearts.

"If I could just find that star, I could help everyone in the village!" Olaf thought determinedly. He knew it wouldn't be easy, but he was determined to embark on an adventure to find the star.

The next morning, Olaf began his journey. He packed a small bag with food and warm socks to keep him cozy as he walked through the snow-covered forest. Along the way, he faced various challenges. First, he encountered a deep stream that had frozen into ice. With determination, he found a wide tree trunk and used it as a bridge to cross over.

Later, as the sun began to set, he met an old man stuck in the snow. "Help me, young friend!" said the man with a trembling voice. Olaf helped him up and gave him his own coat to keep him warm. The old man thanked him and said, "You have a pure heart, boy. Perhaps the star will be kind to you."

Olaf continued his journey, and eventually, he reached the top of a hill, where he saw the shining Christmas star in the night sky. It glowed so brightly that it almost blinded him. He closed his eyes and wished, "I wish for everyone in the village to have a wonderful Christmas celebration filled with food and joy!"

When he opened his eyes, he found himself back in his village, where everyone had gathered around a large table filled with delicious treats: gløgg, æbleskiver, Christmas cookies, and much more. Olaf couldn't believe his eyes!

The villagers were astonished by the wonderful feast. They asked how this could be possible, and Olaf shared his story about the magical star. "It's not just the star that is magical," he said. "It's our willingness to help one another that makes Christmas special."

From that day on, Olaf and his neighbors celebrated not only Christmas but also friendship, community, and the true meaning of giving. Olaf learned that the true magic of Christmas lies not in having wishes granted, but in bringing joy and kindness to those around him.

And so, Christmas in the village was filled with love, laughter, and unforgettable memories.

Sofie og den Stjålne Juleånd

Sofie var en glad pige, der elskede at dekorere til jul. Hvert år så hun frem til at pynte huset med farverige lyskæder, smukke ornamenter og en glitrende stjerne på toppen af juletræet. Men i år bemærkede hun, at hendes landsby så usædvanligt dyster ud. De fleste mennesker gik med triste ansigtstræk, og der var ikke den sædvanlige juleglæde i luften.

"Det her føles ikke rigtigt," tænkte Sofie. "Julen skal være fyldt med glæde og lys!" Hun besluttede at undersøge, hvad der var sket, og gik rundt i landsbyen for at tale med sine naboer. De fortalte hende, at de ikke havde haft lyst til at fejre julen, fordi Hr. Jensen, den grumpy gamle mand, der boede i huset ved enden af gaden, havde stjålet juleånden fra dem.

Sofie kunne ikke forstå, hvordan nogen kunne stjæle juleånden, så hun besluttede at besøge Hr. Jensen. Da hun bankede på hans dør, åbnede han den med et skævt ansigt og sagde: "Hvad vil du, lille pige?"

"Jeg vil gerne forstå, hvorfor alle er så triste. Jeg tror, du har stjålet juleånden!" sagde Sofie modigt.

Hr. Jensen rystede på hovedet. "Juleånd? Hvad ved du om det? Jeg elskede julen engang, men det er for længe siden. Nu er jeg bare træt af det hele."

Sofie så, at han var ensom, og at han havde mistet sin glæde. Hun besluttede, at hun ville hjælpe ham med at finde juleånden igen.

"Hvad hvis vi samles og fejrer julen sammen?" foreslog hun. "Vi kan lave en julefrokost og synge julesange!"

Hr. Jensen så skeptisk ud, men noget i Sofies entusiasme rørte ham. "Måske... men jeg ved ikke, om det vil hjælpe."

Sofie organiserede en stor begivenhed i landsbyen, hvor alle blev inviteret. De bragte deres yndlingsretter til julefrokosten, som de delte med hinanden. Der var æbleskiver, gløgg, og julesmåkager, og de sang traditionelle julesange.

Da folk begyndte at dele deres bedste julehistorier og minder, blev stemningen lysere og lysere. Sofie så Hr. Jensen stå lidt tilbage, men hun bemærkede, at hans ansigt begyndte at lysne, da han lyttede til latteren og glæden omkring ham.

"Det var så sjovt, da vi lavede snefnugene sidste jul!" sagde en af børnene, og Hr. Jensen mindedes pludselig de glade dage, han havde haft, da han var barn.

Langsomt, men sikkert begyndte han at blande sig i festlighederne. Han delte sine egne minder og begyndte endda at grine. Da aftenen nærmede sig sin ende, krammede Sofie Hr. Jensen og sagde: "Se! Juleånden er ikke stjålet, den har bare været gemt væk. Det handler om at dele glæden med andre."

Landsbyen blev forvandlet til et festligt vidunderland, fyldt med lys, latter og kærlighed. Hr. Jensen genfandt sin kærlighed til julen, og han indså, at fællesskab og traditioner er det, der virkelig gør julen speciel.

Sofie and the Stolen Christmas Spirit

Sofie was a cheerful girl who loved decorating for Christmas. Every year, she looked forward to adorning her house with colorful light strings, beautiful ornaments, and a sparkling star on top of the Christmas tree. But this year, she noticed that her village seemed unusually gloomy. Most people wore sad expressions, and there was none of the usual Christmas cheer in the air.

"This doesn't feel right," thought Sofie. "Christmas should be filled with joy and light!" She decided to investigate what had happened and walked around the village to talk to her neighbors. They told her that they didn't feel like celebrating Christmas because Mr. Jensen, the grumpy old man who lived in the house at the end of the street, had stolen their Christmas spirit.

Sofie couldn't understand how anyone could steal the Christmas spirit, so she decided to visit Mr. Jensen. When she knocked on his door, he opened it with a scowl and said, "What do you want, little girl?"

"I want to understand why everyone is so sad. I think you've stolen the Christmas spirit!" Sofie said boldly.

Mr. Jensen shook his head. "Christmas spirit? What do you know about that? I used to love Christmas once, but that was a long time ago. Now I'm just tired of it all."

Sofie saw that he was lonely and that he had lost his joy. She decided that she would help him find the Christmas spirit again. "What if we gather together and celebrate Christmas?" she suggested. "We can have a Christmas lunch and sing carols!"

Mr. Jensen looked skeptical, but something in Sofie's enthusiasm touched him. "Maybe... but I don't know if that will help."

Sofie organized a big event in the village, where everyone was invited. They brought their favorite dishes for the Christmas lunch, which they shared with each other. There were apple dumplings, mulled wine, and Christmas cookies, and they sang traditional carols.

As people began to share their best Christmas stories and memories, the atmosphere grew brighter and brighter. Sofie saw Mr. Jensen standing a little apart, but she noticed that his face started to brighten as he listened to the laughter and joy around him.

"It was so much fun when we made the snowflakes last Christmas!" one of the children said, and Mr. Jensen suddenly remembered the happy days he had as a child.

Slowly but surely, he began to join in the festivities. He shared his own memories and even started to laugh. As the evening drew to a close, Sofie hugged Mr. Jensen and said, "See! The Christmas spirit isn't stolen; it's just been hidden away. It's about sharing joy with others."

The village was transformed into a festive wonderland, filled with lights, laughter, and love. Mr. Jensen rediscovered his love for Christmas, and he realized that community and traditions are what truly make Christmas special.

Lille Mette og Juleoverraskelsen

Lille Mette var en klog og eventyrlysten pige, der elskede julen. Hvert år holdt hun og hendes venner en hemmelig gaveudveksling i deres hyggelige lille by, Hjerteby. I år, dog, hørte Mette, at hendes ven Magnus, som var kendt for at være lidt grumpy, måske ikke ville få nogen gaver, fordi hans familie gik igennem en svær tid. Fast besluttet på at ændre dette, fandt Mette på en plan for at bringe juleglæde til Magnus og hans familie.

Mette vidste, at hun måtte gøre noget særligt for at hjælpe sin ven. Hun besluttede at lave en sjov julekalender fyldt med små overraskelser og venlige handlinger. Hver dag i december ville hun lave en ny overraskelse til Magnus og hans familie. Mette gik i gang med at bage småkager, lave julekort og samle små gaver, som hun kunne lægge i kalenderen.

Da den første december kom, var Mette spændt. Hun gik hen til Magnus' hus og hængte kalenderen op på hans dør. "Håber, du får en dejlig december!" hviskede hun, inden hun løb væk.

Hver dag åbnede Magnus en ny låge, og hver dag blev han mere og mere glad. Han elskede de små gaver og de venlige handlinger, og Mette kunne se, hvordan hans humør blev bedre. Snart begyndte han at smile og grine igen, og hans familie følte sig også mere opløftet.

Da julen nærmede sig, ville Mette fejre med sine venner. De besluttede at samles til en festlig middag, hvor de ville lave risalamande. De samlede alle ingredienserne og arbejdede sammen i køkkenet. Da de var færdige, gemte de en enkelt mandel i risalamanden som en del af traditionen om "mandelgaven".

"Den, der finder mandlen, får en særlig gave!" sagde Mette med et grin. Alle var spændte og glædede sig til at se, hvem der ville finde mandlen.

Da de satte sig ved bordet for at nyde deres lækre måltid, blev der grinet og snakket. Mette kunne mærke, at den glæde, hun havde bragt til Magnus, nu også spredte sig til hele gruppen. Det var en aften fyldt med latter, venlighed og juleånd.

Efter middagen sagde Mette: "Det vigtigste ved julen er ikke gaverne, men at vise venlighed og tage sig af hinanden." Hendes venner nikkede, og de vidste, at Mette havde ret.

Da festen nærmede sig sin slutning, krammede Mette Magnus og sagde: "Jeg er så glad for, at du er glad igen! Julen handler om at dele glæde med andre." Magnus smilede og svarede: "Tak, Mette! Du har gjort denne jul helt speciel for mig."

Og fra den dag af blev Mette, Magnus og deres venner endnu tættere, altid mindet om, at venlighed og venskab er de største gaver af dem alle.

Little Mette and the Christmas Surprise

L ittle Mette was a clever and adventurous girl who loved Christmas. Every year, she and her friends held a secret gift exchange in their cozy little town of Hjerteby. This year, however, Mette heard that her friend Magnus, who was known for being a bit grumpy, might not receive any gifts because his family was going through a tough time. Determined to change this, Mette came up with a plan to bring Christmas joy to Magnus and his family.

Mette knew she had to do something special to help her friend. She decided to create a fun advent calendar filled with small surprises and kind deeds. Every day in December, she would prepare a new surprise for Magnus and his family. Mette got started baking cookies, making Christmas cards, and gathering little gifts to place in the calendar.

When December first arrived, Mette was excited. She went to Magnus' house and hung the calendar on his door. "I hope you have a lovely December!" she whispered before running away.

Each day, Magnus opened a new door, and with each day, he grew happier and happier. He loved the small gifts and the kind gestures, and Mette could see how his mood improved. Soon he began to smile and laugh again, and his family also felt more uplifted.

As Christmas approached, Mette wanted to celebrate with her friends. They decided to gather for a festive dinner where they would make risalamande, a traditional Danish rice pudding. They gathered all the ingredients and worked together in the kitchen. When they were finished, they hid a single almond in the risalamande as part of the tradition of the "almond gift."

"Whoever finds the almond will receive a special gift!" Mette said with a laugh. Everyone was excited and looked forward to seeing who would find the almond.

As they sat down at the table to enjoy their delicious meal, laughter and chatter filled the air. Mette could feel the joy she had brought to Magnus now spreading to the entire group. It was an evening filled with laughter, kindness, and Christmas spirit.

After dinner, Mette said, "The most important thing about Christmas is not the gifts, but showing kindness and taking care of each other." Her friends nodded, knowing that Mette was right.

As the celebration drew to a close, Mette hugged Magnus and said, "I'm so glad you're happy again! Christmas is about sharing joy with others." Magnus smiled and replied, "Thank you, Mette! You've made this Christmas so special for me."

And from that day on, Mette, Magnus, and their friends grew even closer, always reminded that kindness and friendship are the greatest gifts of all.

Nisse Niels og den Store Julebagedyst

Nisse Niels var en fræk lille nisse, der elskede at bage. Hver jul besluttede han at holde en stor julesmåkagedyst blandt børnene i landsbyen for at se, hvem der kunne skabe de bedste julesmåkager. I år var ingen undtagelse, og Nisse Niels var mere spændt end nogensinde.

"Kom og vær med til at bage julesmåkager!" råbte Nisse Niels, da han fløj rundt i landsbyen. Børnene kunne næsten ikke vente med at deltage. De løb hjem for at finde deres bedste opskrifter og bringe deres yndlingsingredienser med.

På den store bage-dag samledes alle børnene i det hyggelige forsamlingshus. Nisse Niels havde pyntet det med glitrende julelys og juletræer. Børnene tog deres ingredienser frem og begyndte at bage. Duften af kanel, ingefær og vanilje fyldte luften, mens de arbejdede hårdt for at imponere Nisse Niels.

Men som konkurrencen skred frem, begyndte Nisse Niels at bemærke, at børnene blev mere og mere fokuserede på at vinde. Nogle var blevet uvenner over, hvis småkager der var de bedste, og det var ikke den julestemning, Nisse Niels ønskede. Han vidste, at den sande ånd af julen ikke handlede om at vinde, men om at dele og nyde ferien sammen.

"Vent lidt!" sagde Nisse Niels pludselig. "Lad os tage en pause!" Børnene stoppede op og kiggede undrende på ham. "Julen handler ikke kun om småkager," fortsatte han. "Det handler om at være sammen og dele glæden med hinanden."

Nisse Niels foreslog, at de i stedet skulle tage deres småkager og dele dem med alle i landsbyen. Børnene, der tidligere havde været opslugt af konkurrencen, blev glade for ideen. De begyndte at arbejde sammen for at skabe en lækker buffet af julesmåkager, som de kunne dele med alle.

Da de var færdige, samlede børnene deres småkager og gik ud i landsbyen. De delte deres godbidder med de voksne, og alle nød de dejlige julesmåkager. Landsbyens beboere kom sammen, grinede og delte historier over et glas varm gløgg.

Det var en magisk aften, og Nisse Niels så på med tilfredshed. Han vidste, at han havde gjort det rigtige. Den sande ånd af julen levede i de smil, der blev delt, og i den varme følelse af fællesskab.

"Det bedste ved julen er ikke at vinde, men at være sammen og dele glæden," sagde Nisse Niels til børnene. De nikkede enige og vidste, at de havde skabt noget meget bedre end blot en konkurrencedyst – de havde skabt minder og styrket båndene i deres lille samfund.

Nisse Niels and the Great Christmas Bake-Off

Nisse Niels was a cheeky little elf who loved to bake. Every Christmas, he decided to hold a big cookie competition among the children of the village to see who could create the best Christmas cookies. This year was no exception, and Nisse Niels was more excited than ever.

"Come and join us for baking Christmas cookies!" shouted Nisse Niels as he flitted around the village. The children could hardly wait to participate. They rushed home to find their best recipes and bring their favorite ingredients.

On the big baking day, all the children gathered in the cozy community hall. Nisse Niels had decorated it with glittering Christmas lights and Christmas trees. The children took out their ingredients and began to bake. The scent of cinnamon, ginger, and vanilla filled the air as they worked hard to impress Nisse Niels.

But as the competition went on, Nisse Niels began to notice that the children were becoming more and more focused on winning. Some had become unfriendly over whose cookies were the best, and that was not the Christmas spirit Nisse Niels wanted. He knew that the true spirit of Christmas wasn't about winning but about sharing and enjoying the holiday together.

"Wait a moment!" Nisse Niels suddenly said. "Let's take a break!" The children stopped and looked at him in wonder. "Christmas isn't just about cookies," he continued. "It's about being together and sharing joy with one another."

Nisse Niels suggested that instead, they should take their cookies and share them with everyone in the village. The children, who had previously been caught up in the competition, were excited about the idea. They began to work together to create a delicious buffet of Christmas cookies that they could share with all.

Once they were finished, the children gathered their cookies and went out into the village. They shared their treats with the adults, and everyone enjoyed the lovely Christmas cookies. The villagers came together, laughed, and shared stories over a glass of warm mulled wine.

It was a magical evening, and Nisse Niels watched with satisfaction. He knew he had done the right thing. The true spirit of Christmas lived in the smiles that were shared and in the warm feeling of community.

"The best part of Christmas isn't about winning, but being together and sharing joy," Nisse Niels said to the children. They nodded in agreement and knew they had created something much better than just a competition – they had made memories and strengthened the bonds in their little community.

Juletræet af Drømme

Hvert år tog Emil og Frida til juletræmarkedet med deres forældre for at finde det perfekte juletræ. De elskede den hyggelige atmosfære, duften af frisk gran og synet af de mange smukt dekorerede træer. Men i år var der noget særligt ved markedet.

Da de gik rundt mellem de snedækkede træer, opdagede Emil et træ, der skinnede mere end de andre. Det så ud til at funkle med en magisk glød, som om det gemte på en hemmelighed. "Frida, se på det træ! Det må være det perfekte juletræ!" sagde Emil ivrigt.

Frida kiggede skeptisk på træet. "Det ser bare ud som et almindeligt træ, Emil. Lad os finde et, der er mere traditionelt."

Men Emil kunne ikke ryste følelsen af, at dette træ var specielt. "Jeg tror, det har en hemmelig ønskedrøm," sagde han. Frida sukkede, men kunne ikke modstå sin brors entusiasme. "Okay, lad os tage det."

Da de kom hjem, begyndte de straks at dekorere træet med hjemmelavede pynt. Hver enkelt ornament symboliserede deres drømme for det kommende år: en lille papirstjerne for Emil, der drømte om at blive astronaut, og en glitrende julebold for Frida, der ønskede at lære at danse.

Endelig, da træet var dekoreret, stod det strålende i stuen. Emil kiggede op på det og hviskede: "Måske vil det snart vise os sin magi."

Juleaften kom, og hele familien gjorde sig klar til at fejre. Efter middagen og gaverne var der tid til at finde ro. Emil og Frida blev lagt i seng, men Emil kunne ikke sove. Han lå og kiggede på træet, der lyste blidt i stuen.

Pludselig hørte han en blid raslen. Døren til stuen åbnede sig, og ind trådte Julemanden! Med sin store, røde kappe og glade latter så han helt fortryllende ud. "Ho ho ho! Er der nogen, der venter på mig?" sagde han med et smil.

Emil kunne næsten ikke tro sine egne øjne. "Julemanden! Er det virkelig dig?"

Julemanden nikkede og gik hen til træet. "Jeg har set, hvor meget kærlighed og drømme, I har lagt i dette træ," sagde han. "Lad os bringe det til live!"

I et glimt af lys og magi begyndte træet at funkle endnu mere. "Kom med mig, Emil og Frida," sagde Julemanden. "Vi skal på en rejse!"

Pludselig befandt de sig i en fortryllet verden, dækket af sne. De fløj over glitrende landskaber og mødte venlige væsner: snedækkede kaniner, der lavede sneengle, og juleklædte fugle, der sang smukke julesange. Hver gang de så en ny skabning, lærte de noget nyt om håb, glæde og venskab.

Julemanden opfordrede dem til at dele deres drømme, og Emil sagde: "Jeg vil gerne rejse til stjernerne og se jorden fra oven!" Frida tilføjede: "Jeg vil danse som en professionel danser og bringe glæde til andre!"

Julemanden smilede og sagde: "Husk, børn, at drømme kan blive til virkelighed, hvis I tror på dem og arbejder for dem."

Efter en magisk nat med eventyr og læring, førte Julemanden dem tilbage til deres stue. "Nu er det tid til at sove," sagde han. "Men glem aldrig magien i jeres hjerter."

Emil og Frida faldt i søvn med smil på læben, og næste morgen, da de vågnede, var de omgivet af deres familie. De gik hen til juletræet og så, at det stadig funklede, som om det havde set den magiske nat.

Og fra den dag af, hver gang Emil og Frida så på deres juletræ, huskede de den fantastiske rejse og vidste, at deres drømme kunne blive til virkelighed, hvis de bare troede.

The Christmas Tree of Dreams

Every year, Emil and Frida went to the Christmas tree market with their parents to find the perfect tree. They loved the cozy atmosphere, the scent of fresh pine, and the sight of the many beautifully decorated trees. But this year, there was something special about the market.

As they wandered among the snow-covered trees, Emil discovered a tree that shone more than the others. It seemed to sparkle with a magical glow, as if it held a secret. "Frida, look at that tree! It must be the perfect Christmas tree!" Emil exclaimed excitedly.

Frida looked skeptically at the tree. "It just looks like an ordinary tree, Emil. Let's find one that's more traditional."

But Emil couldn't shake the feeling that this tree was special. "I think it holds a secret wish," he said. Frida sighed but couldn't resist her brother's enthusiasm. "Okay, let's take it."

When they got home, they immediately began decorating the tree with homemade ornaments. Each ornament symbolized their dreams for the coming year: a little paper star for Emil, who dreamed of becoming an astronaut, and a sparkling Christmas bauble for Frida, who wanted to learn to dance.

Finally, when the tree was decorated, it stood shining in the living room. Emil looked up at it and whispered, "Maybe it will show us its magic soon."

Christmas Eve arrived, and the whole family got ready to celebrate. After dinner and gifts, it was time to settle down. Emil and Frida were put to bed, but Emil couldn't sleep. He lay awake, gazing at the tree, which glowed softly in the living room.

Suddenly, he heard a gentle rustling. The door to the living room opened, and in walked Julemanden! With his big red coat and cheerful laughter, he looked enchanting. "Ho ho ho! Is anyone waiting for me?" he said with a smile.

Emil could hardly believe his eyes. "Julemanden! Is it really you?"

Julemanden nodded and walked over to the tree. "I've seen how much love and dreams you've put into this tree," he said. "Let's bring it to life!"

In a flash of light and magic, the tree began to sparkle even more. "Come with me, Emil and Frida," said Julemanden. "We're going on a journey!"

Suddenly, they found themselves in an enchanted world covered in snow. They flew over glittering landscapes and met friendly creatures: snow-covered rabbits making snow angels and Christmas-dressed birds singing beautiful carols. Each time they encountered a new creature, they learned something new about hope, joy, and friendship.

Julemanden encouraged them to share their dreams, and Emil said, "I want to travel to the stars and see the Earth from above!" Frida added, "I want to dance like a professional dancer and bring joy to others!"

Julemanden smiled and said, "Remember, children, that dreams can come true if you believe in them and work for them."

After a magical night filled with adventure and learning, Julemanden took them back to their living room. "Now it's time to sleep," he said. "But never forget the magic in your hearts."

Emil and Frida fell asleep with smiles on their faces, and the next morning, when they woke up, they were surrounded by their family. They went over to the Christmas tree and saw that it was still sparkling, as if it had witnessed the magical night.

And from that day on, every time Emil and Frida looked at their Christmas tree, they remembered the wonderful journey and knew that their dreams could come true if they just believed.

Nisse Knud

I en fortryllende by i Danmark var julestemningen i fuld gang, mens familier forberedte sig til den årlige julefrokost. Lygterne lyste op i de kolde gader, og duften af julesnaps og småkager svømmede gennem luften. Men midt i glæden opstod der kaos, da Nisse Knud, en fræk lille nisse, begyndte at stjæle juledekorationer fra husene i nabolaget.

Kasper og Maja, der legede sammen i sneen, hørte om nissens drillerier fra deres naboer. "Vi må gøre noget!" sagde Kasper, mens han rystede på hovedet over, hvordan Nisse Knud skabte uorden. Maja, altid fuld af idéer, blinkede med øjnene. "Hvad hvis vi fanger ham? Så kan vi få dekorationerne tilbage!"

De besluttede at lægge en plan. "Vi skal sætte fælder!" foreslog Maja. "Nisse Knud er lille og snedig, så vi skal tænke kreativt." De samlede materialer fra deres hjem: glitrende bånd, små kager og en kasse, der tidligere havde været fyldt med julekugler. "Vi kan lave en lokkende fælde med kagerne og båndene," sagde Kasper.

Næste dag, i skumringen, gik de til et sted, hvor de vidste, Nisse Knud ofte var set. De arrangerede kagerne på en bænk og dækkede dem med glitrende bånd. "Nu må vi bare vente," sagde Maja, mens de gemte sig bag et træ. De kunne næsten ikke holde sig fra at grine af deres plan.

Pludselig så de en skygge. Det var Nisse Knud! Med en lille hat og en rød jakke snusede han hen mod kagerne. Da han så dem, kunne han ikke modstå fristelsen. "Det ser lækkert ud!" sagde han, mens han nærmede sig fælden.

Kasper og Maja sprang frem for at konfrontere ham. "Stop, Nisse Knud! Vi ved, at du stjæler dekorationerne!" sagde Kasper. Nisse Knud stoppede op og så lidt forskrækket ud. "Men jeg ville bare have dem til at pynte mit hjem til jul!" sagde han med et lille smil.

Maja så på Nisse Knud og sagde: "Men du kunne have spurgt os! Julen handler om at dele." Nisse Knud så ned og nikkede. "Jeg ville gerne have mit hjem til at føles festligt, men jeg vidste ikke, hvordan jeg skulle gøre det."

Kasper og Maja tænkte sig om. "Hvad hvis vi hjælper dig med at pynte dit hjem?" foreslog Kasper. "Ja, og så kan vi alle fejre jul sammen!" tilføjede Maja entusiastisk.

Nisse Knud blev glad. "Mener I det virkelig? Det ville være fantastisk!" De tre børn gik hen til Nisse Knuds hus, som var lille og hyggeligt, men meget tomt for dekorationer. Sammen begyndte de at hænge julekugler, binde glitrende bånd og lave en smuk julekrans til døren.

Da de var færdige, så Nisse Knuds hus strålende ud. "Tak, venner! Nu føles det virkelig som jul!" sagde han og grinede af glæde. Kasper og Maja følte sig varme indeni, for de havde ikke bare hjulpet Nisse Knud, men også lært ham om venskab og at dele glæden ved højtiden.

Da julefrokosten kom, var Nisse Knud inviteret. Sammen fejrede de med mad, sang og latter, og i stedet for at være en drilsk nisse, blev Nisse Knud en del af deres fest.

Nisse Knud

In an enchanting town in Denmark, the Christmas spirit was in full swing as families prepared for the annual Christmas lunch. The lanterns lit up the cold streets, and the scent of mulled wine and cookies wafted through the air. But amid the joy, chaos ensued when Nisse Knud, a cheeky little nisse, began stealing Christmas decorations from houses in the neighborhood.

Kasper and Maja, who were playing together in the snow, heard about the nisse's antics from their neighbors. "We have to do something!" said Kasper, shaking his head at how Nisse Knud was causing trouble. Maja, always full of ideas, winked. "What if we catch him? Then we can get the decorations back!"

They decided to make a plan. "We need to set traps!" suggested Maja. "Nisse Knud is small and sneaky, so we have to think creatively." They gathered materials from their homes: shiny ribbons, small cookies, and a box that had once been filled with Christmas ornaments. "We can make an enticing trap with the cookies and ribbons," said Kasper.

The next day, at dusk, they went to a spot where they knew Nisse Knud was often seen. They arranged the cookies on a bench and covered them with shiny ribbons. "Now we just have to wait," said Maja as they hid behind a tree. They could barely contain their laughter at their plan.

Suddenly, they saw a shadow. It was Nisse Knud! With a tiny hat and a red jacket, he sniffed his way towards the cookies. When he saw them, he couldn't resist the temptation. "That looks delicious!" he said as he approached the trap.

Kasper and Maja jumped out to confront him. "Stop, Nisse Knud! We know you're stealing the decorations!" said Kasper. Nisse Knud froze and looked a little startled. "But I just wanted them to decorate my home for Christmas!" he said with a small smile.

Maja looked at Nisse Knud and said, "But you could have asked us! Christmas is about sharing." Nisse Knud looked down and nodded. "I wanted my home to feel festive, but I didn't know how to do it."

Kasper and Maja thought for a moment. "What if we help you decorate your home?" suggested Kasper. "Yes, and then we can all celebrate Christmas together!" Maja added enthusiastically.

Nisse Knud was delighted. "Do you really mean that? That would be wonderful!" The three children walked to Nisse Knud's house, which was small and cozy but very empty of decorations. Together, they began hanging ornaments, tying shiny ribbons, and making a beautiful Christmas wreath for the door.

When they were done, Nisse Knud's house looked dazzling. "Thank you, friends! Now it really feels like Christmas!" he said, laughing with joy. Kasper and Maja felt warm inside, for they had not only helped Nisse Knud but also taught him about friendship and sharing the joy of the holiday.

When Christmas lunch came, Nisse Knud was invited. Together, they celebrated with food, song, and laughter, and instead of being a mischievous nisse, Nisse Knud became part of their festive celebration.

Julefrokostens Magi

I en hyggelig dansk by nærmede julen sig, og Lucas og hans lille søster Karla var meget spændte på at fejre deres families årlige julefrokost. De kunne næsten ikke vente med at samles omkring bordet med deres elskede familie. Farmor havde lovet at dele historien om "Julemanden" og magien i deres familie traditioner.

På dagen for julefrokosten hjalp Lucas og Karla Farmor med at forberede de specielle retter. De lavede flæskesteg, sild og lækre småkager, som de kaldte pebernødder. Mens de dækkede bordet og pyntede huset, fandt de en mystisk gammel pynteting gemt i kassen med julepynt. Den glimtede med et magisk skær og fik dem til at undre sig.

Da familien samledes omkring bordet, begyndte Farmor at fortælle historien om Julemanden. "Julemanden er en venlig sjæl, der bringer glæde og generøsitet til alle i juletiden," forklarede hun. Lucas og Karla lyttede intenst, mens Farmor fortalte om, hvordan Julemanden rejste verden rundt for at sikre, at alle børn fik opleve glæden ved julen.

Mens Farmor fortalte, blev det klart for Lucas og Karla, at magien fra den gamle pynteting måske var forbundet med Julemandens ånd. De lavede et ønske om, at alle skulle få opleve den sande betydning af julen—venner, familie og kærlighed.

Da de afsluttede deres måltid, opdagede de, at pyntetinget magisk havde fyldt rummet med varme og lys. Der blev delt smil og latter blandt familien, og det føltes som om Julemandens ånd virkelig var til stede. Lucas og Karla indså, at den sande magi ved julen kom fra de kærlige minder, historier og traditioner, som blev delt med familie og venner.

I takt med at de sad rundt om bordet, kunne de ikke lade være med at tænke på, hvor meget deres families kærlighed og traditioner betød for dem. Julefrokosten blev ikke kun en fest, men også en fejring af de bånd, der knyttede dem sammen.

Da dagen gik på hæld, vidste Lucas og Karla, at de ville bære denne magiske oplevelse med sig i hjertet og fortsætte med at dele kærligheden og glæden ved julefrokosten i mange år fremover.

The Magic of the Julefrokost

In a cozy Danish town, Christmas was approaching, and Lucas and his little sister Karla were very excited to celebrate their family's annual julefrokost (Christmas lunch). They could hardly wait to gather around the table with their beloved family. Grandma had promised to share the story of the "Julemanden" (the Christmas Man) and the magic of their family traditions.

On the day of the julefrokost, Lucas and Karla helped Grandma prepare the special dishes. They made roast pork, herring, and delicious gingerbread cookies. As they set the table and decorated the house, they found a mysterious old ornament hidden in the decoration box. It sparkled with a magical glow, sparking their curiosity.

When the family gathered around the table, Grandma began to tell the story of Julemanden. "Julemanden is a kind soul who brings joy and generosity to everyone during Christmas," she explained. Lucas and Karla listened intently as Grandma told how Julemanden traveled the world to ensure that all children experienced the joy of Christmas.

As Grandma continued, Lucas and Karla realized that the magic of the old ornament might be connected to the spirit of Julemanden. They made a wish for everyone to experience the true meaning of Christmas—friends, family, and love.

As they finished their meal, they noticed that the ornament had magically filled the room with warmth and light. Smiles and laughter were shared among the family, and it felt as if the spirit of Julemanden was truly present. Lucas and Karla understood that the real magic of Christmas came from the loving memories, stories, and traditions shared with family and friends.

As they sat around the table, they couldn't help but think about how much their family's love and traditions meant to them. The julefrokost became not just a celebration but also a commemoration of the bonds that connected them.

As the day came to a close, Lucas and Karla knew they would carry this magical experience in their hearts and continue to share the love and joy of the julefrokost for many years to come.